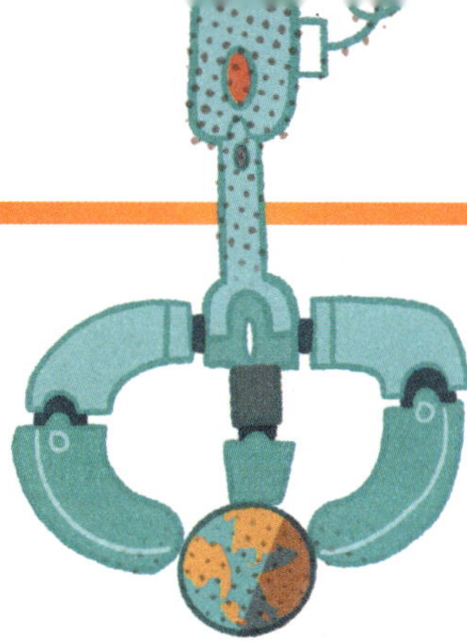

Der Plastikangler und andere Jobs der Zukunft

Texte von **Sofia Erica Rossi**
und **Carlo Canepa**

Illustrationen von
Luca Poli

WS Kids
WHITE STAR KIDS

INHALT

EINFÜHRUNG

Wie oft bist du schon gefragt worden, was du einmal sein willst, wenn du groß bist? Und wie oft konntest du diese Frage nicht beantworten, weil du dir nicht sicher warst oder nicht dasselbe werden wolltest wie deine Mutter oder dein Vater?

Wahrscheinlich gibt es den Beruf, den du ausüben wirst, wenn du groß bist, heute noch gar nicht. Aber er wird sehr bald Realität werden.

In diesem Buch wirst du entdecken, dass du schon in einigen Jahren **Arten, die seit Jahrtausenden ausgestorben sind, wiederbeleben** und **Häuser** an den unwirtlichsten Orten bauen kannst. Du wirst **Krankheiten entdecken**, die bisher unbekannt sind, und die **Luft reinigen** können, die wir täglich atmen.

Jeder Beruf der Zukunft wird eine andere Aufgabe erfüllen und dafür **innovative Werkzeuge und Instrumente** einsetzen.

Wie kann der Plastikangler die Meere von Verschmutzung befreien? Wird die DNA-Schneiderin defekte Gene ausschneiden und reparieren können? Und wird der Wolkenjäger die Erderwärmung aufhalten können, bevor es zu spät ist?

Die Antworten auf diese und viele weitere Fragen erhältst du auf deiner Entdeckungsreise in eine Zukunft, die von der **Physik** und der **Biologie**, der **Robotik** und den **Neurowissenschaften** inspiriert ist. Auch wenn dir vieles unglaublich erscheinen mag, werden die Berufe, die die Männer und Frauen in diesem Buch ausüben, bald ganz normal sein.

Technologien und Berufe, die heute noch nach Science-Fiction klingen, werden bald allen verfügbar sein.

Warum nicht gleich mit
dem Träumen beginnen?

Legen wir los!

DER ARCHITEKT UNGLAUBLICHER ORTE

„Die Fußwege und Straßen um zehn Zentimeter anzuheben hat nicht gereicht. Das Wasser steht mir schon wieder bis zu den Knien. Es sprudelt sogar aus der Kanalisation!“, ruft Thomas. Als *Architekt unglaublicher Orte* hat er bereits Lösungen für viele Städte gefunden, die aufgrund des plötzlichen Anstiegs des Meeresspiegels infolge der Erderwärmung überflutet wurden.
Seine erste Baustelle befand sich im Polareis. Einige Jahre später wurde er mitten in den Pazifik gerufen, wo es ihm in kürzester Zeit gelang, eine ganze Stadt unter Wasser zu bauen. Die Kinder dort fühlten sich wie in einem riesigen Aquarium!
„Leider werden wir gezwungen sein, einen Ableger der Stadt in einer bisher noch unbewohnten Gegend unseres Planeten zu bauen“, erklärt Thomas dem Bürgermeister der Megastadt.
Als Standort wählt man eine Region in der zentral gelegenen Saharawüste. Mit ausgetrockneten Flüssen und Sanddünen sind die Umweltbedingungen für die neue Stadt extrem, aber es gibt keine Alternative.

Der Architekt unglaublicher Orte macht sich mit seinen Mitarbeitern sofort auf den Weg. Aber als sie dort ankommen …
„Hier baut schon jemand anderes! Das kann doch nicht sein!“, ruft Thomas empört. Er hat dem Bürgermeister versprochen, die Megastadt in nur wenigen Monaten zu retten. Er kann es sich nicht leisten, den Bau zu verzögern. Oder gar nicht damit zu beginnen.

Thomas bittet den anderen Architekten unglaublicher Orte, der die Baustelle leitet, sofort um ein Treffen. Er ist Italiener aus der Stadt Venedig und steht vor demselben Problem wie Thomas. Die Sahara ist einer der letzten unbewohnten Orte der Erde, an dem man neue Städte errichten kann. Nachdem beide Architekten erkannt haben, dass sie dasselbe Problem haben, beschließen sie, zum Wohle aller zusammenzuarbeiten. Und so entwerfen sie in kürzester Zeit ein neues Stadtprojekt: ohne Straßen und Umweltverschmutzung; der Transport soll ausschließlich über hoch gelegene Druckluftleitungen erfolgen, und überall sollen Pflanzen wachsen. Die Häuser werden mit Sonnenkollektoren ausgestattet, und ausnahmslos alles soll recycelt werden.•

30%

Eisschmelze der Polkappen von Grönland und Antarktika aufgrund der Erderwärmung.

WAS LÄSST DEN MEERESSPIEGEL STEIGEN?

30%

Anstieg der Meerestemperatur und infolgedessen ein größeres Volumen der Meere (thermale Expansion).

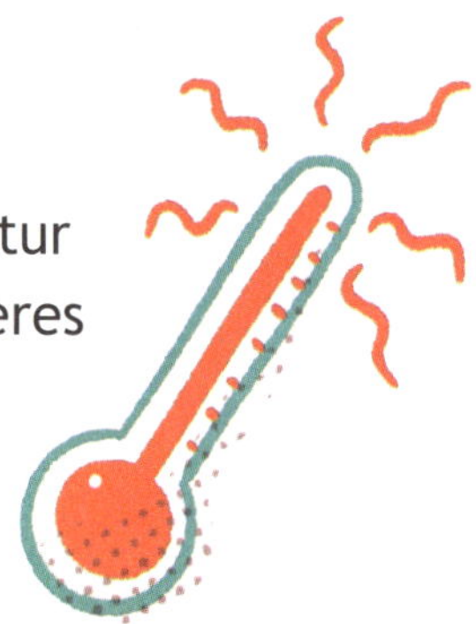

40%

Subsidenz, also die langsame Senkung der Erdkruste.

- Vermehrte Schäden in Zusammenhang mit den Gezeiten und Stürmen an den Küsten.
- Vermehrte Küstenerosion.
- Allmähliche Zerstörung der festen Küsten.
- Vermehrte Bewegung von Sedimenten wie Sand und Kies.

DIES SIND DIE KURZFRISTIGEN AUSWIRKUNGEN DES ANSTEIGENDEN MEERESSPIEGELS.

WIE STARK WIRD DER MEERESSPIEGEL IN DEN NÄCHSTEN JAHREN STEIGEN?

Nach den Daten, die Wissenschaftlerinnen und Wissenschaftler in den letzten Jahrzehnten gesammelt haben, ist der weltweite Meeresspiegel von 1870 bis heute im Durchschnitt um etwa 20 Zentimeter gestiegen. In den pessimistischsten Szenarien könnte der Meeresspiegel bis zum Jahr 2100 im Durchschnitt um einen Meter steigen. Manche Städte wie zum Beispiel Venedig würden dann unter Wasser stehen.

Wenn es uns nicht gelingt, die Erderwärmung zu bremsen, wird der Meeresspiegel weiter ansteigen.

GEFRAGTE FÄHIGKEITEN

- ◯ Kreativität
- ◯ Ungewöhnliche Lösungen finden
- ◯ Leidenschaft für Physik und Mathematik
- ◯ Ein Auge für Details
- ◯ Gut zeichnen können
- ◯ Fürsorge für andere

DIE ENTDECKERIN FERNER PLANETEN

Außerhalb der Glaskuppel herrschen -60 °C, und es tobt ein heftiger roter Staubsturm. Das ist nicht gerade das Klima, das wir von der Erde gewöhnt sind, aber im Großen und Ganzen gefällt Nelly das Leben auf dem Mars.

Aber wie der Name ihres Berufs – *Entdeckerin ferner Planeten* – schon sagt, besteht Nellys Hauptaufgabe darin, neue Welten zu entdecken und zu erforschen. „Es ist für mich nun wieder an der Zeit, weiterzuziehen“, sagt sie zu ihren Freunden. Denn ein Planet wurde entdeckt, der der Erde stark ähnelt. Er kreist um den Stern Sirius.
„Mit unserem neuen Propeller brauchen wir dorthin wohl nur drei Tage“, erklärt Nelly ihren Mitreisenden, als sie ihren Abflug vorbereiten. „Vielleicht werden auf diesem neuen Planeten eines Tages Menschen leben, so wie auf dem Mars.“

Sie geben die genauen Koordinaten des neuen Planeten, den sie erforschen müssen, in ihr Navigationssystem ein und legen sich auf die berühmten Kryo-Betten. Um während des Fluges nicht unnötig Körperenergie zu verbrauchen, frieren die Forscherinnen und Forscher ihre Körper ein und tauen sich erst kurz vor der Ankunft wieder auf. „Gute Nacht“, wünschen sie sich, während die Dunkelheit der Galaxie ihr Raumschiff langsam einhüllt.

Doch nach etwas mehr als zehn Stunden ertönt plötzlich der Alarm, und Nelly schreckt auf. Es ist heiß im Raum, und die Temperaturkontrollleuchte zeigt an, dass die Temperatur noch weiter steigt.

„He, schaut mal da drüben! Wir stürzen gleich in einen Feuerball!“, schreit ein Besatzungsmitglied und zeigt auf den Stern Sirius. Die Temperatur außerhalb des Raumschiffs nähert sich jetzt 3500 °C. Das Kühlsystem wird das nicht mehr lange aushalten können.

„Es muss ein Fehler in den Koordinaten oder eine starke Anziehungskraft vorliegen!“, ruft Nelly. „Ich gehe sofort ins Cockpit. Hoffen wir, dass es nicht zu spät ist.“

Obwohl der Absturz unausweichlich schien, gelingt es der Besatzung, ihr Raumschiff wieder unter Kontrolle zu bringen und seinen Kurs zu ändern. Gerettet! •

GEFRAGTE FÄHIGKEITEN

- ◯ Kühlen Kopf bewahren
- ◯ Leidenschaft für Astronomie
- ◯ Hart trainieren können
- ◯ Liebe zu den Sternen
- ◯ Neugier auf das Unbekannte
- ◯ Freude am Reisen

WO IM UNIVERSUM SIND WIR?

- Die Erde ist Teil eines Sonnensystems mit acht Planeten, die um die Sonne kreisen.
- Das Sonnensystem ist Teil der Milchstraße, einer Galaxie, die der Wissenschaft zufolge bis zu 400 Milliarden Sterne enthält.
- Die Milchstraße ist eine von unzähligen Galaxien, die es im Universum gibt. Ihre Zahl wird auf eine Billion geschätzt.

PLANETEN IM UNIVERSUM – EIN PAAR ZAHLEN:

Wir haben im Universum bereits über 3000 weitere Planetensysteme entdeckt. Derzeit werden mehr als **4100** Planeten untersucht:

- Fast **1400** ähneln dem Neptun.
- Über **1300** sind riesige Gasplaneten wie der Jupiter.
- Fast **1300** sind „Supererden“, Planeten, die bis zu **10-MAL** so groß sind wie die Erde.
- Fast **160** ähneln unserer Erde.

WIE IST ES AUF DEM MARS?

Auf dem Mars herrschen Temperaturen von 30 °C bis -140 °C. Die Durchschnittstemperatur liegt bei –63 °C, das ist kälter als am Nordpol!
Der Mars wird als roter Planet bezeichnet, weil Boden und Gestein dort reich an Eisenoxid sind, das ihnen die rote Farbe verleiht. Seine Atmosphäre ist sehr dünn. Sie besteht zu 95 % aus Kohlendioxid.

Weil der Mars um die Sonne kreist, durchläuft der Planet genau wie die Erde vier Jahreszeiten, aber sie sind viel extremer als auf der Erde. Winde erzeugen gewaltige Sandstürme. Wenn ein solcher Sturm Astronauten außerhalb ihrer Marsstation überraschen würde, hätten sie große Mühe, sich zu orientieren!

DER WOLKEN-JÄGER

Schon seit Jahren sind die Wolken größtenteils verschwunden, der Himmel ist völlig blau. Juan und die anderen *Wolkenjäger* denken mit Wehmut daran, wie sie sich als Kinder ausmalten, was die Wolken darstellten: Schafe, Vögel und viele weitere Tiere! Heute haben Juan und seine Freunde die Aufgabe, neu entstandene Wolken zu jagen, einzufangen und dann über die Welt zu verteilen, dorthin, wo es keine Wolken gibt. Denn ohne Wolken kann es dort auch nicht regnen. Fehlen sie ganz, hat das zur Folge, dass sich unser Planet stark erwärmt.

„Die Wolken entstehen immer weiter oben. Diesmal müssen wir auf fast 6000 Meter steigen! Seid ihr bereit?“, fragt Juan seine Freunde. Sie waren schon am Nordpol, in den italienischen Dolomiten und in den Schweizer Alpen, aber noch nie im Hochgebirge Südamerikas. Mit Helmen, Steigeisen an den Schuhen und Sicherungsseilen sind die Wolkenjäger für den Aufstieg gut gerüstet.

Je höher sie steigen, desto schwieriger wird es. Dass sie die sehr empfindlichen und schweren Werkzeuge zum Einfangen der Wolken mitschleppen müssen, erschwert ihren Aufstieg zusätzlich.
Nach fünf anstrengenden Tagen sind sie erschöpft. Plötzlich rutscht ihnen das neue Wolkenfanggerät, das sie zum ersten Mal benutzen sollten, aus den Händen und rollt, holterdipolter, den Berg hinab, tiefer und immer tiefer, bis es verschwunden ist.
„Wir müssen trotzdem weitermachen, es sind nur noch ein paar Meter bis zum Gipfel. Lasst uns hochgehen, dann wird uns sicher etwas einfallen", sagt Juan zu seinen beiden Weggefährten, zuversichtlich, dass sie eine Lösung dafür finden werden, wie sie die Wolken einfangen können. Nachdem sie sich mit Trockenfrüchten gestärkt haben, die sie in Gläsern mitgeführt haben, kommt ihnen plötzlich eine Idee: Sie fangen die Wolken mit diesen Gläsern ein! Im Handumdrehen holen sie auch alle anderen Proviantgläser aus ihren Rucksäcken und verfolgen damit die Wolken.
„Jetzt müssen wir die Wolken nur noch auf der ganzen Welt verteilen", erklärt Juan nach erfolgreicher Jagd, bevor sie ihren langen Abstieg antreten. •

WIE VIELE ARTEN VON WOLKEN GIBT ES AUF DER ERDE?

Die Weltorganisation für Meteorologie unterscheidet über einhundert verschiedene Arten von Wolken auf der Erde, die sich voneinander in ihrer Form und ihrer Entstehungshöhe unterscheiden.

Genauso wie Pflanzen und Tiere werden auch Wolken klassifiziert. Man unterscheidet zehn Gattungen.

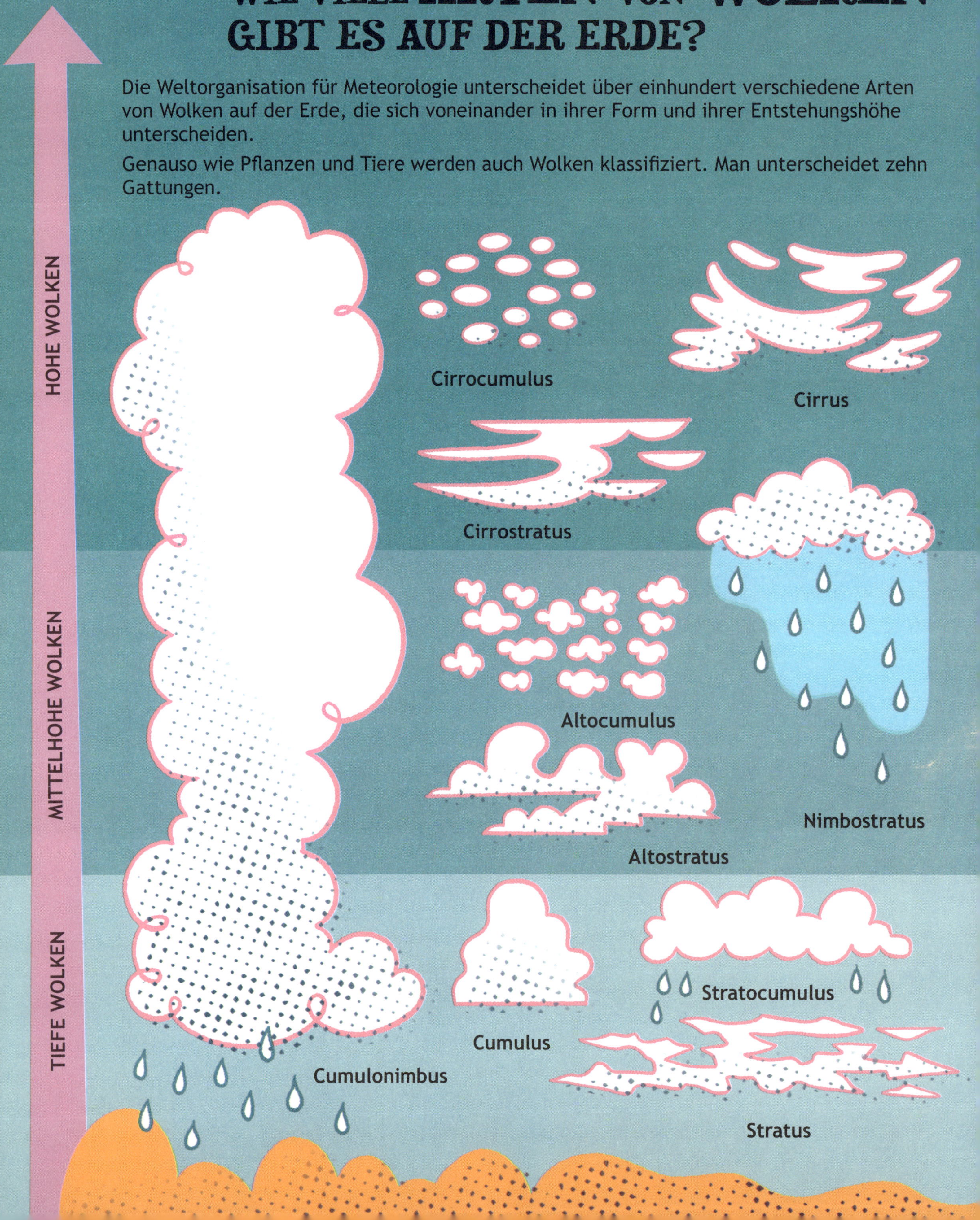

WELCHE ROLLE SPIELEN WOLKEN BEI DER ERDERWÄRMUNG?

Tagsüber halten Wolken die Erde kühl, indem sie sie gegen die Sonnenwärme abschirmen. Nachts können Wolken dann die Erde warm halten, indem sie die Sonnenwärme aufnehmen, die sich tagsüber im Boden angesammelt hat.

Dünne Wolken, die man höher in der Atmosphäre antrifft, machen eine Gegend im Allgemeinen wärmer. Tiefere Wolken kühlen sie eher ab.

GEFRAGTE FÄHIGKEITEN

- ◯ Gut klettern können
- ◯ Interesse für das Klima
- ◯ Leidenschaft für die Berge
- ◯ Den Kopf in den Wolken haben
- ◯ Eine ruhige Hand
- ◯ Kein Problem mit Stürmen

DER PLASTIK-KANGLER

„Wieder ein wunderbarer Tag zum Fischen“, freuen sich Amedeo und seine Bootsbesatzung, die *Plastikangler,* die jeden Tag darum kämpfen, die Ozeane von Müll zu befreien.
Dank des Erdöls konnte der Mensch ein praktisches und kostengünstiges Material erfinden: Plastik. Wenn es jedoch einmal in die Umwelt gelangt, ist es sehr schwer wieder loszuwerden.
Amedeo und seine Mannschaft verwenden einen Netzmagneten zum Auffangen von Plastik, der nur den Müll anzieht und die Fische ungestört schwimmen lässt.
„Oh nein, schon wieder! Das ist diese Woche schon das zweite Mal!“, ruft Amedeo und springt in das Rettungsboot. In der Ferne sind die riesigen Flügel eines Albatros zu sehen, die unaufhörlich aufs Wasser schlagen, begleitet vom Kreischen des Vogels, der sich im Netz verfangen hat.
Die Rettungsaktion verläuft keineswegs einfach und schnell. Aber nach einer Weile ist das Tier endlich wieder frei.

Neben großen Dingen versteckt sich jedoch auch etwas Unsichtbares und noch Bedrohlicheres in den Ozeanen: gefährliches Mikroplastik. Es ist dünner als ein Haar und kleiner als ein Sandkorn, wird von den Fischen gefressen und landet schließlich auch in unseren Töpfen und auf unseren Tellern.

Hier kommt die neueste Erfindung der Plastikangler ins Spiel. „Gut gemacht, Moby, mal sehen, wie viel Mikroplastik du heute geschluckt hast", lobt Amedeo und geht zum Heck des Schiffes. Dort taucht ein Roboter in Gestalt eines Blauwals auf. Er hat Hunderte von sehr langen Zähnen, die das Wasser filtern. Die Zähne sind aus speziellem Material und so konzipiert, dass sie nur Mikroplastik auffangen.

„Nicht schlecht! Jetzt ist es hier eindeutig sauberer!", freut sich Amedeo. „Nun brauchen wir etwas Schlaf, denn morgen nehmen wir uns den Süden vor!" •

GEFRAGTE FÄHIGKEITEN

- ◯ Leidenschaft für das Meer
- ◯ Zupacken können
- ◯ Interesse an Ökologie
- ◯ Gut zielen können
- ◯ Schwimmen können
- ◯ Recycling-verfahren kennen

DAS IST EINE MENGE PLASTIK!

360 MILLIONEN

Tonnen Plastik werden jedes Jahr produziert.

Das entspricht etwa 60-mal dem Gewicht der Pyramiden von Gizeh.

60 MILLIONEN

Tonnen Plastik werden jedes Jahr in Europa produziert. Das entspricht 10 Millionen Elefanten.

600 000 TONNEN

Plastik landen jedes Jahr im Mittelmeer. Das entspricht dem Gewicht von 4000 Blauwalen.

SO VIELE TIERE!

700 Arten, die in den Meeren leben, sind durch Plastik bedroht:

- 35 % davon sind Vögel
- 27 % davon sind Fische
- 20 % davon sind Wirbellose
- 13 % davon sind Meeressäuger
- 5 % davon sind Reptilien

SO VIELE JAHRE BRAUCHEN DIESE DINGE, UM SICH IM MEER ZU ZERSETZEN

10: Zigarettenkippe

20: Plastiktüte

200: Blechdose

450: Plastikflasche

450: Wegwerfwindel

600: Angelschnur

ALBATROS

„Ich bin ins Wasser getaucht, um einen Fisch zu fangen, und habe mich dabei in einem Plastiknetz verheddert, das ich nicht gesehen habe!“

THUNFISCH

„Ich armer Thunfisch! Dieses Mikroplastik schmeckt einfach gar nicht!“

SCHILDKRÖTE

„Ich dachte, das war eine Qualle! Es war aber eine Plastiktüte.“

DIE PFLANZENFLÜSTERIN

Seit einiger Zeit sehen die Wälder von Komi in Russland krank aus. Von Tag zu Tag vergilben mehr Blätter, vertrocknen mehr Äste, und einige Pflanzenarten verschwinden sogar ganz. Viola und ihre Mannschaft von *Pflanzenflüsterern* reisen an, um sich um den Wald zu kümmern. Sie sind keine Gärtner, sondern Forscher, die als Einzige herausgefunden haben, wie sie Kontakt zu Pflanzen aufnehmen und verstehen können, was Bäume, Blumen, Blätter und Wurzeln einander mitteilen.

„Leute, es wird nicht lange dauern, bis alle Bäume dauerhaft krank sind. Macht euch an die Arbeit“, ruft Viola. Schnell installieren sie den neuen Simultanübersetzer, den Viola im Labor entwickelt hat. Er beherrscht alle Pflanzensprachen und macht sie für Menschen verständlich.

Die Bodendetektoren funktionieren einwandfrei und übertragen schon bald die ersten Wellen auf den Bildschirm. Sie scheinen zunächst unzusammenhängend, aber nach einigen Sekunden ergeben die Worte einen Sinn. Viola liest die aus dem Wald empfangene Nachricht laut vor: „Ohne uns und den Sauerstoff, den wir produzieren, gäbe es auf dem Planeten kein Leben. Jetzt können wir wegen der Luftverschmutzung und dem Klimawandel unsere Aufgabe nicht erledigen."

Einfache Mittel reichen nicht aus, um den Wald zu heilen, also müssen sich die Pflanzenflüsterer eine drastische Lösung einfallen lassen. „Wir bauen die erste und einzige Stadt der Welt speziell für Pflanzen. Sie soll Arborea heißen!", beschließt Viola.

„Die Bäume und Blumen werden durch uns Pflanzenflüsterer alle Pflege erhalten, die sie brauchen. Im Gegenzug werden die Pflanzen Sauerstoff für die Menschen der umliegenden Städte produzieren, als grüne Lunge für die ganze Gegend." •

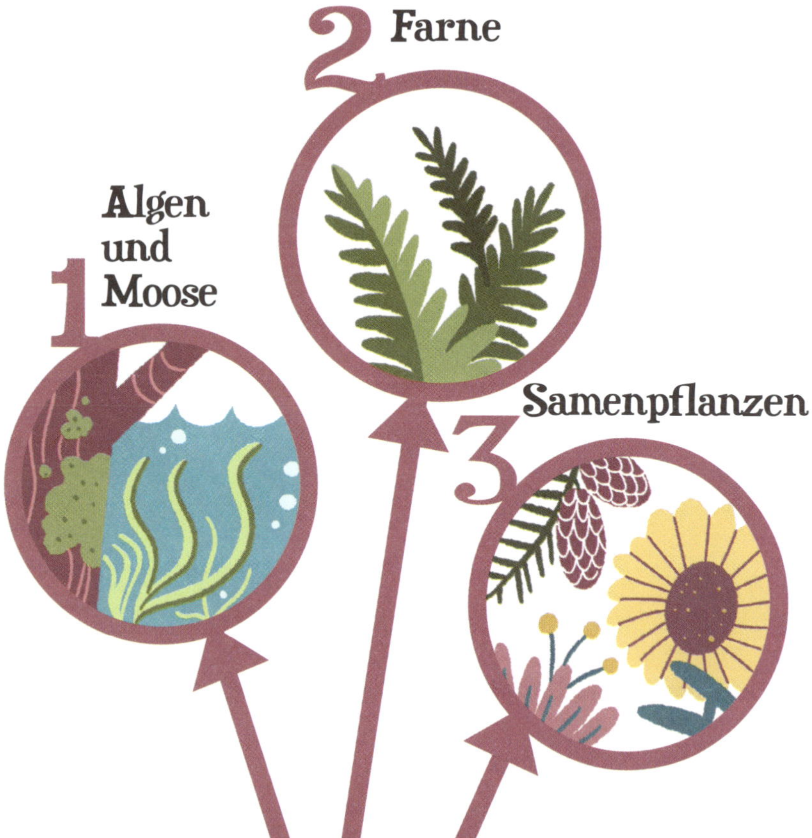

WIE SIND PFLANZEN KLASSIFIZIERT?

GEFRAGTE FÄHIGKEITEN

- ◯ Exzellente Kenntnis aller Pflanzenarten
- ◯ Liebe zur Natur
- ◯ Guter Orientierungssinn
- ◯ Liebe zu Insekten
- ◯ Praktische Begabung
- ◯ Unschlagbar in Rätselfragen und Kreuzworträtseln

WAS GEFÄHRDET UNSEREN PLANETEN?

FEUER

Feuer hat es in der Natur immer schon gegeben. Es kann der Vegetation helfen, sich zu erneuern. Aber in den letzten Jahrzehnten hat die Anzahl der Feuer übermäßig zugenommen.

ERDERWÄRMUNG

Die Aktivität der Menschen verursacht:

- einen Anstieg der Temperaturen
- stärkere Regenfälle in manchen Gegenden
- stärkere Wüstenbildung in anderen Gegenden
- mehr CO_2 in der Atmosphäre, einen Anstieg des Meeresspiegels und des Salzgehalts der Meere.

ILLEGALER HANDEL

Wie Tiere werden auch Pflanzen Opfer von Kriminellen. Als Maßnahme dagegen wurden über 31 000 Pflanzenarten durch ein weltweites Artenschutzabkommen geschützt.

INVASIVE ARTEN

Pflanzen können invasiv sein. Das bedeutet, dass sie ihrem ursprünglichen Lebensraum entnommen und in fremde Lebensräume versetzt wurden, die sie nun „kolonisieren“ und gefährden. Pflanzen können auch Opfer von invasiven Tierarten werden, zumeist Insekten.

WIE VIELE PFLANZEN-ARTEN GIBT ES?

Schätzungsweise gibt es etwa 400 000 Pflanzenarten auf der Erde, aber wir kennen sie noch nicht alle.

WERDEN NOCH NEUE ARTEN ENTDECKT?

Ja. Im Durchschnitt entdeckt und erforscht die Wissenschaft jedes Jahr rund 2700 neue Pflanzenarten.

DIE DNA-SCHNEIDERIN

Inès hat ihren Kindheitstraum verwirklicht und ist Schneiderin geworden – aber eine ganz besondere Art von Schneiderin. Ein Mikroskop und eine kleine, scharfe molekulare Schere für sehr präzise Schnitte – das sind die Werkzeuge, mit denen *DNA-Schneiderinnen* wie sie Krankheitsgene korrigieren, die Vervielfältigung von Viren verhindern und die Aufgaben unbekannter Gene entdecken.

„Die DNA ist wie eine riesige Gebrauchsanweisung für die Ausbildung der unterschiedlichsten Zellen eines Organismus“, erklärt Inès ihrer Großmutter. „Und Gene enthalten diese Anweisungen! Ein Gen ist so klein, dass ich es nur unter dem Mikroskop sehen kann.“

Seit Tagen widmet sich Inès einer sehr schwierigen Aufgabe: Sie sucht eine Möglichkeit, bestimmte Gene, die weltweit in Getreide vorkommen und Allergien auslösen können, auszuschneiden und zu verbessern.

„Millionen von Menschen leiden nach dem Verzehr von Pizza, Brot oder Nudeln unter sehr starken Bauchschmerzen. Manche müssen sogar ins Krankenhaus. Nicht immer haben sie Zugang zu alternativen Nahrungsmitteln“, erklärt Inès ihren Kollegen im Labor. „Mit unserer ‚DNA-Reparatur‘ können wir ihnen helfen!“

So wie gewöhnliche Schneiderinnen Kleidung nach bestimmten Vorgaben nähen, müssen auch DNA-Schneiderinnen vor einer Operation wichtige Vorgaben einhalten. Sie müssen einen Vertrag unterzeichnen, der

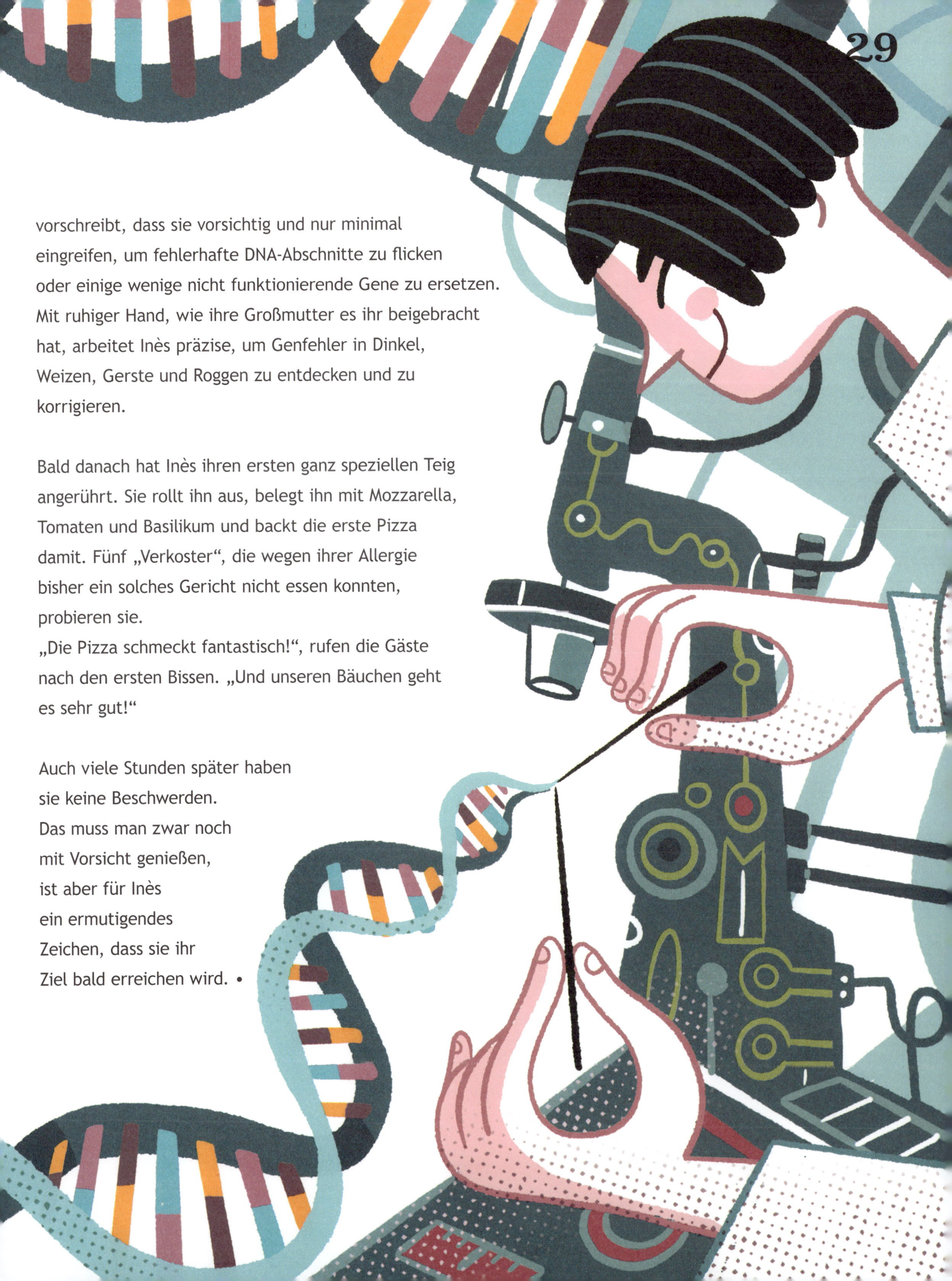

vorschreibt, dass sie vorsichtig und nur minimal eingreifen, um fehlerhafte DNA-Abschnitte zu flicken oder einige wenige nicht funktionierende Gene zu ersetzen. Mit ruhiger Hand, wie ihre Großmutter es ihr beigebracht hat, arbeitet Inès präzise, um Genfehler in Dinkel, Weizen, Gerste und Roggen zu entdecken und zu korrigieren.

Bald danach hat Inès ihren ersten ganz speziellen Teig angerührt. Sie rollt ihn aus, belegt ihn mit Mozzarella, Tomaten und Basilikum und backt die erste Pizza damit. Fünf „Verkoster“, die wegen ihrer Allergie bisher ein solches Gericht nicht essen konnten, probieren sie.
„Die Pizza schmeckt fantastisch!“, rufen die Gäste nach den ersten Bissen. „Und unseren Bäuchen geht es sehr gut!“

Auch viele Stunden später haben sie keine Beschwerden. Das muss man zwar noch mit Vorsicht genießen, ist aber für Inès ein ermutigendes Zeichen, dass sie ihr Ziel bald erreichen wird. •

WAS IST DIE DNA?

„DNA“ bedeutet auf Deutsch „Desoxyribonukleinsäure“. Wie ein großes Buch enthält sie alle Informationen, die für das Funktionieren aller unserer Körperzellen erforderlich sind. Das Alphabet, in dem dieses „Buch“ geschrieben ist, besteht aus nur vier Buchstaben – A, C, T, G –, die entlang einer spiralförmigen Kette angeordnet sind.

Entrollt wäre die DNA einer einzigen menschlichen Zelle über 3 Meter lang. Würden wir die DNA aller unserer Körperzellen zusammensetzen, würden wir eine Kette erhalten, die viel länger ist als die Entfernung von der Erde zur Sonne.

GEFRAGTE FÄHIGKEITEN

- ○ Höchste Präzision
- ○ Interesse an Biotechnologie
- ○ Leidenschaft für sehr kleine Dinge
- ○ Kooperationsfähigkeit
- ○ Talent zum Schnippeln und Reparieren
- ○ Ruhige Hand

WAS IST GEN-CHIRURGIE UND WIE FUNKTIONIERT SIE?

Die Buchstabenfolge, mit der unsere DNA geschrieben ist, ist nicht immer korrekt. Immer mal wieder gibt es Fehler. Dank einer Technik, die Gen-Chirurgie genannt wird, kann man diese Fehler beheben. Man kann fehlerhafte DNA-„Phrasen" präzise herausschneiden und durch welche ersetzen, die korrekt sind.

Aber Vorsicht!

MIT DNA SPIELT MAN NICHT!

KÜNSTLER DER ZUKUNFT

Alles ist bereit für das große Finale von *Künstler der Zukunft*, den weltweiten Wettbewerb, bei dem die kreativsten Ideen ausgezeichnet werden. Wir befinden uns im Finale. Die Jury muss sich zwischen drei „Werken" für den ersten Preis entscheiden, die sehr unterschiedlich, aber gleichermaßen innovativ sind.

Um die Juroren zu überzeugen, präsentieren alle Teilnehmer ihre Arbeit und müssen möglichst überzeugend sein. Danny ist zuerst an der Reihe. „Stellen Sie sich vor, dass Sie Töpfe durch Reagenzgläser, Schöpfkellen durch Pipetten und Öfen durch Destillierapparate ersetzen. Wer sagt denn, dass Kochen nichts für Wissenschaftler ist?", beginnt der *Koch mit dem Mikroskop*. „In meinem Küchenlabor zaubere ich tausend

exotische Gerichte mit unbekannten Geschmacksrichtungen: Zucker, Kohlenhydrate und Proteine, gewürzt mit dem innovativen Aroma der Wissenschaft. Mein besonderer Stolz ist mein ‚fleischloses Fleisch'! Es schmeckt wie Fleisch, wird aber aus Kartoffeln und Soja hergestellt."

Wird die zweite Bewerberin, Lea, die Jury noch mehr verblüffen? „Superstarke Aufkleber, inspiriert von Tintenfisch-Saugnäpfen, schnabelförmige Lokomotiven und ultraempfindliche Lichtsensoren, ähnlich den Augen einer Heuschrecke", beginnt Lea, die *Designerin nach dem Vorbild der Natur.* „Tiere und Pflanzen sind eine riesige lebende Bibliothek und können uns zu kreativen Ideen inspirieren. Das Werk, das mich berühmt machen wird? Der‚Tarnmantel'! Jahrelang habe ich Chamäleons studiert und einen Stoff entwickelt, der seine Farbe der Umgebung anpasst."

Bewundernde Rufe ertönen aus dem Publikum, dann kommt als Letzte Anita an die Reihe. „Haben Sie schon einmal von Nanotechnologie gehört? Dank hochleistungsfähiger Mikroskope arbeite ich tagtäglich an Molekülfragmenten, die einen Nanometer groß sind, hunderttausendmal kleiner als ein menschliches Haar", erklärt die *Bildhauerin der unsichtbaren Materie* den Anwesenden. „Ich habe entdeckt, wie man die Wissenschaft mithilfe von Nanopartikeln in den Dienst der Kunst stellen und antike Marmorstatuen sowie durch Umweltverschmutzung zerstörte Tempel restaurieren kann. Wir haben nun eine weitere Möglichkeit, unser immenses künstlerisches Erbe zu retten."
Ein Trommelwirbel erklingt: Wer wird gewinnen? 3, 2, 1, und die Anzeigetafel zeigt ... drei Gewinner! Erstmals wird der erste Platz von *Künstler der Zukunft* an drei Bewerber vergeben.

Danny, Lea und Anita umarmen sich glücklich. Wer weiß? Vielleicht bist du eines Tages auch ein *Künstler der Zukunft?* •

DIE KÜNSTLER DER ZUKUNFT UND IHR HANDWERKSZEUG

GEFRAGTE FÄHIGKEITEN

- ◯ Ungewöhnliche Denkwege beschreiten
- ◯ Fantasie
- ◯ Beobachtungsgabe
- ◯ Empathie
- ◯ Ästhetisches Empfinden
- ◯ Kooperationsgeist

Sich bewegende Skulpturen, Magnetfelder, die Materie bewegen, Farben, die sich mit der Zeit verändern, und Brillen, die uns in unbekannte Realitäten entführen – möglicherweise erfindet sich die Kunst der kommenden Jahrzehnte vollkommen neu, denn die Künstler der Zukunft haben schon begonnen zu experimentieren und zu kreieren!

• WAS IST EINE WISSENSCHAFTLICHE KÜCHE?

Die wissenschaftliche Küche hat zum Ziel, die Kochkunst mit biochemischem Wissen über Lebensmittel zu vereinen. Eine aktuelle Forschungsrichtung sucht einen Weg, die intensive Landwirtschaft zur Fleischproduktion durch Alternativen zu ersetzen, die die Umwelt und die Tiere schonen.

DER KOCH MIT DEM MIKROSKOP

• BIONIK, WAS IST DAS?

Bionik ist eine Disziplin, die die Eigenschaften von Lebewesen – Pflanzen und Tieren – nachahmt, um die Technik zu verbessern. Zu den Anwendungsgebieten der Bionik gehören neue Klebematerialien, Spezialfarben und hochmoderne Stoffe.

DIE DESIGNERIN NACH DEM VORBILD DER NATUR

• WAS IST NANOTECHNOLOGIE?

Die Nanotechnologie ist ein innovatives Forschungsgebiet, das sehr kleine Komponenten verwendet, um beispielsweise neue superleichte Materialien und Geräte zu entwickeln, die für das menschliche Auge unsichtbar sind, aber in der Industrie vielseitig eingesetzt werden können.

DIE BILDHAUERIN DER UNSICHTBAREN MATERIE

DIE POLAREIS-MACHERIN

Der Nordpol und der Südpol sind nicht mehr das, was sie einmal waren. Aufgrund steigender Temperaturen schmilzt immer mehr Eis, sodass manche Schiffswege nun das ganze Jahr eisfrei sind.
Weniger Eis bedeutet nicht nur weniger Fische, Vögel und Säugetiere, die an die kalten Pole angepasst sind, sondern auch mehr Wärme, weil die weiße Eisfläche, die die Sonnenstrahlen ins All zurückwirft, kleiner wird.

Am Nordpol arbeitet Ellen seit einiger Zeit an einer Lösung für das Problem: einem Eis produzierenden U-Boot mit Solarantrieb, das Wasser aufnimmt, in kleine Eisberge verwandelt und diese freisetzt. An der Wasseroberfläche werden sie dann wie ein großes Puzzle zu einem Berg zusammengesetzt. Das ähnelt ein wenig dem, was Eismaschinen tun. Daher hat Ellen den Spitznamen *„Polareismacherin"* erhalten.

Die Idee scheint zu funktionieren. Langsam verbinden sich die Eisberge zu weißen Flächen, so weit das Auge reicht.
Doch seit einigen Wochen geschieht etwas Geheimnisvolles: Viele Eisberge, die das U-Boot erzeugt hat, lösen sich in Luft auf. Um herauszufinden, was vor sich geht, versteckt sich Ellen eines Nachts, während alle schlafen, in Ufernähe unter Wasser.

Nach einigen Stunden tauchen drei Schurken in einem kleinen Boot auf dem von den Sternen beleuchteten Meeresabschnitt auf und ziehen die Eisberge weg. „Ich habe doch geahnt, dass sie es sind! Sie wollen das Eis nicht, weil es ihr Geschäft mit den Touristen gefährdet“, knurrt Ellen und lässt leise ihr U-Boot an. „Diesmal entkommt ihr mir nicht!“
Ellen positioniert sich unbemerkt unter den drei Übeltätern und erzeugt eine Falle aus Eis. Dann lässt sie sie an die Oberfläche aufsteigen und nimmt die Eisberg-Diebe darin gefangen. „Danke, Ellen! Wir sind schon seit Monaten hinter ihnen her“, begrüßt der am Tatort eintreffende Polizeichef die Polareismacherin. „Wie du weißt, sind alle Menschen hier auf deiner Seite und unterstützen deine Mission, dieses Gebiet wieder zu dem Wunder zu machen, das es einmal war. Lass dich nicht von den Wenigen entmutigen, die noch immer nicht verstanden haben, wie lebenswichtig das Eis für uns und alle Lebewesen auf der Erde ist.“ •

KLIMAANLAGE DES PLANETEN

Die Polkappen sind für das Klima auf der ganzen Welt wichtig. Sie fungieren als Klimaanlage der Erde; ihr Eis trägt zur Kühlung des Planeten bei, indem es das Sonnenlicht und dessen Wärme in den Weltraum reflektiert. Weniger Eis bedeutet ein wärmeres Klima, mehr extreme Wetterereignisse und einen Anstieg des Meeresspiegels.

GEFRAGTE FÄHIGKEITEN

- ◯ Interesse am Klimawandel
- ◯ Begeisterung für die Polkappen
- ◯ Keine Kälteempfindlichkeit
- ◯ Vorliebe für Eiscreme
- ◯ Leidenschaft fürs Puzzeln
- ◯ Begeisterung fürs Tauchen

WIE VIEL EIS?

750 MILLIARDEN
Tonnen Eis schmelzen weltweit jedes Jahr, darunter:

- **286** Milliarden Tonnen in Grönland und der Arktis
- **127** Milliarden Tonnen in der Antarktis
- **335** Milliarden Tonnen von Gletschern

1979

2018

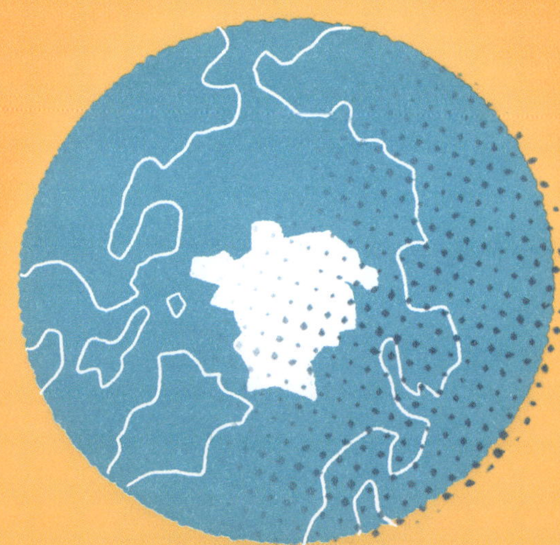

UM WIE VIEL IST DAS EIS DER ARKTIS SCHON ZURÜCKGEGANGEN?

DER PROGRAMMIERER VON ROBOTERN MIT BEWUSSTSEIN

Seit Tagen reden alle an der Universität nur über eine Sache. Luis steht endlich kurz davor, seine monatelange harte Forschungsarbeit einem Test zu unterziehen. Das Ziel ist, einen Roboter zu entwickeln, der ohne menschliche Anleitung Probleme lösen und sich frei bewegen kann. Luis und die anderen *Programmierer von Robotern mit Bewusstsein* haben erkannt, dass sich die Geheimnisse unseres Gehirns nur lüften und auf Roboter übertragen lassen, wenn sie unsere Gehirnströme während des Schlafs untersuchen.

Seit Monaten analysiert Luis mithilfe eines „Traumauffangkissens“ die nächtlichen Gedanken, Träume und Erinnerungen Dutzender Fußballspieler und speichert sie auf mehreren Computern, um sie an Chris7, einen Fußball spielenden Roboter, zu übertragen.
„Schaut euch das an: Während einiger Schlafphasen arbeitet der Verstand härter als im Wachzustand! Dabei entstehen neue Ideen, überflüssige Gedanken werden eliminiert und wichtige Erinnerungen verstärkt“, erklärt Luis begeistert, wenige Minuten vor Beginn des entscheidenden Experiments. Alles ist bereit: Der Programmierer von Robotern mit Bewusstsein lädt die Daten vom Traumauffangkissen herunter. Im selben Moment

steht auf dem Fußballplatz der Universität ein Torwart konzentriert zwischen den Pfosten, und drei Verteidiger warten darauf, dass Chris7 aktiv wird. Eins, fünf, vier, sechs. ZUGRIFF VERWEIGERT. Eins, fünf, vier, sieben. ZUGRIFF VERWEIGERT. Eins, fünf, vier, acht. ZUGRIFF VERWEIGERT. Luis gerät ins Schwitzen: Vor lauter Aufregung hat er die richtige Zahlenfolge vergessen, um den Roboter zu aktivieren. Doch gerade als er aufgeben und sich bei den anderen Programmierern entschuldigen will, passiert etwas Unglaubliches: Chris7 setzt sich in Bewegung und läuft mit dem Ball nach vorn, von ganz allein. Niemand hat dies programmiert. Chris7 handelt auf der Grundlage der Träume, die Luis in seinen Speicher geladen hat. Der erste Verteidiger versucht, ihn mit einer Grätsche zu stoppen, aber Chris7 springt über ihn hinweg. Dann schiebt er den Ball zwischen den Beinen des zweiten Gegners hindurch. Der dritte versucht ihn mit allen Mitteln zu stoppen, aber Chris7 dribbelt mit großer Leichtigkeit an ihm vorbei und steht plötzlich allein vor dem Torhüter. Luis ist auf der Tribüne ganz aus dem Häuschen. „Ob er den Ball ins Tor bekommt?“, denkt er bei sich. Im nächsten Moment schießt Chris7 den Ball mit einem unglaublichen Fallrückzieher auf zwei Meter Höhe und genau in die hintere Ecke des Tores!

„Es hat funktioniert!“, ruft Luis ungläubig aus. „Aber das ist nur ein erster, kleiner Schritt; das menschliche Bewusstsein ist immer noch ein Mysterium. Wer weiß, wie viele Überraschungen die Forschung noch für uns bereithält!“ •

STUDIUM DES MENSCHLICHEN GEHIRNS

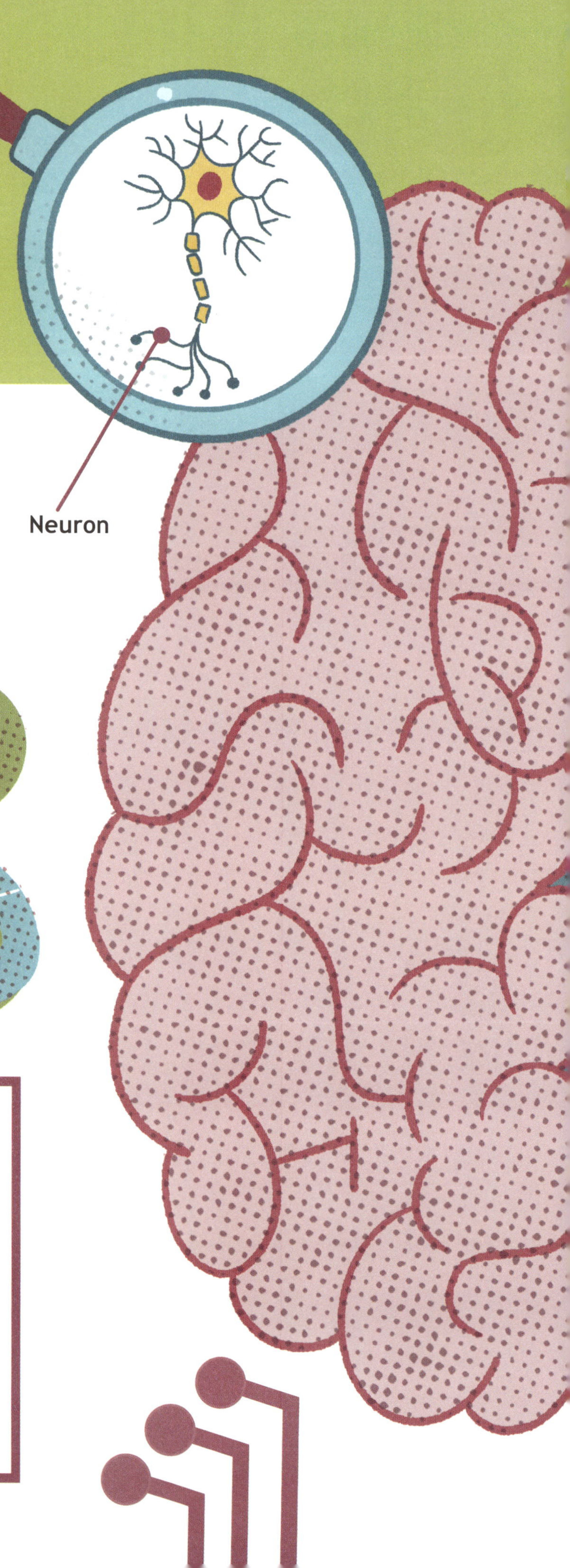

Das Gehirn ist das geheimnisvollste Organ unseres Körpers. Untersuchungen enthüllen die Funktionsweise von Gedächtnis, Sprache, Schlaf und viele weitere Geheimnisse, die eines Tages zur Entwicklung immer intelligenterer Roboter genutzt werden können. Aber vor uns liegt noch ein langer Weg. Packen wir's an!

Das menschliche Gehirn besteht aus Abermilliarden von Neuronen, winzigen Nervenzellen, die Informationen mit einer Geschwindigkeit von fast 100 Metern pro Sekunde verarbeiten und übertragen.

GEFRAGTE FÄHIGKEITEN

- ◯ Leidenschaft fürs Programmieren
- ◯ Lernen aus eigenen Fehlern
- ◯ Willenskraft
- ◯ Liebe zu Computern
- ◯ Interesse an Mathematik und Zahlen
- ◯ Begeisterung für Videospiele

WO SETZEN WIR ROBOTER EIN?

Heute gibt es unzählige intelligente Computer und Roboter aller Art, von ganz großen bis hin zu Miniaturrobotern.
Die Bereiche, in denen Roboter eingesetzt werden, sind vielfältig, darunter:

- **Medizin:** in Krankenhäusern als Operationshilfen für Ärzte,
- **Industrie:** um Menschen bei ermüdenden und immer gleichen Arbeiten zu ersetzen,
- **Alltagshilfen:** um Personen mit Einschränkungen im Alltag zu unterstützen.

EIN PAAR ZAHLEN

Wachstum der weltweiten Roboterindustrie in den letzten Jahren:

2005: weniger als 1 Million Roboter
2016: 1,8 Millionen
2019: 2,6 Millionen
2022: geschätzte 3,9 Millionen

DIE WASSERLOSE BÄUERIN

„Fünf Tomaten und eine Handvoll Erdbeeren“, sagt Laila, während sie alles einpackt. Obst und Gemüse gibt es auf dem Mars erst seit wenigen Monaten, und deswegen ist Lailas Laden immer voll.
Seit ihrer Ankunft auf dem Planeten ist es Laila gelungen, eine neue Anbautechnik zu entwickeln.
„Auf dem Mars gibt es fast keinen Sauerstoff und kein Wasser, und der Boden ist steinig und voller giftiger Stoffe. Deshalb habe ich etwas völlig Neues entwickelt!“, erklärt Laila ihren Kunden. Ihre Technik besteht darin, Gemüse und Obst anzubauen, ohne es in den Boden einzupflanzen oder zu gießen. Deshalb nennen alle sie die *wasserlose Bäuerin*.
Laila spritzt die Substanzen, die die Pflanzen zum Leben brauchen, mit einfachen Sprühflaschen direkt auf die Wurzeln. Aber Laila hat einen geheimen Traum: In der Tasche ihres Overalls bewahrt sie einige Wassermelonensamen auf, die ihr Großvater ihr hinterlassen hat. Sie würde gerne Melonen züchten und die Marsbewohner damit überraschen.

Hinter ihrem Laden hat sie ein geheimes Beet. Doch der Anbau der Wassermelonen im Weltraum ist schwieriger, als sie erwartet hat. Ihre Wassermelonen haben mit den Früchten, die sie kennt, kaum etwas gemeinsam. Denn Laila hat eine der wichtigsten Eigenschaften von Wassermelonen nicht bedacht: Sie bestehen fast vollständig aus Wasser! Und wie jeder weiß, ist Wasser auf dem Mars rar. Entmutigt hockt die wasserlose Bäuerin vor dem Beet, neben der Tür, die in ihren Obst- und Gemüseladen führt. „Laila, was ist los? Ich wollte Gemüse kaufen, aber im Laden ist niemand. Was sind das für seltsame Früchte?“, fragt ihre Freundin und kommt in ihren Garten. Bevor Laila es verhindern kann, hat ihre Freundin in eine „misslungene“ Wassermelone hineingebissen. Laila glaubt, vor Scham zu sterben.

Aber überraschenderweise ist ihre Freundin von dieser neuen, schmackhaften Frucht begeistert und will sofort ein paar kaufen. „Ich schenke sie dir! Ich bin so froh, dass sie dir schmecken! Ich wollte Wassermelonen anbauen, aber stattdessen habe ich die erste Marsfrucht der Geschichte gezüchtet!“, lacht Laila und umarmt ihre Freundin. •

WAS BEDEUTET DÜRRE?

Man spricht von Dürre, wenn längere Zeit Wassermangel herrscht (z. B. durch das Ausbleiben von Regen). Dürre kann aber auch die Trockenheit des Bodens bezeichnen, dem Flüssigkeiten entzogen wurden, die für die Landwirtschaft und das Leben wichtig sind.

WIE KANN SICH DÜRRE AUSWIRKEN?

Infolge der Erderwärmung und der Abholzung der Wälder sind die Dürreperioden in vielen Teilen der Erde länger und intensiver geworden. Gebiete, die früher kaum von diesem Phänomen betroffen waren, bekommen über die Jahre seine Auswirkungen zu spüren.

GEFRAGTE FÄHIGKEITEN

- ○ Grüner Daumen
- ○ Vorliebe für Obst
- ○ Unternehmergeist
- ○ Liebe zu Pflanzen
- ○ Interesse an Landwirtschaft
- ○ Spaß an Herausforderungen

WIE KÖNNEN WIR WASSER SPAREN?

Heute ist Wasser ein Gut, das bereits in vielen Teilen der Welt knapp ist. Wir können jedoch Maßnahmen ergreifen, um weniger Wasser zu verschwenden:

- Effizientere Wassernutzung in der Landwirtschaft und der Tierhaltung;
- Investitionen in erneuerbare Technologien, die die Umwelt schonen;
- Wiederverwenden und Wiederaufbereiten von Wasser, wann immer es möglich ist.

DIE VIREN-DETEKTIVIN

Farben und Bewegung, Musik und Sonne. Traditionell sind in der ersten Frühlingswoche die Straßen der Stadt Manaus am Amazonas voller Stände und bevölkert von Tänzern, die sich im Samba-Rhythmus bewegen. „Hier ist der brasilianische Karneval wirklich einzigartig“, lacht Clara fröhlich. Sie wurde hierher gerufen, weil sie weltweit als die beste *Virendetektivin* gilt. Tatsächlich kann niemand so gut wie Clara noch unbekannte, mikroskopisch kleine Organismen aufspüren, die beim Menschen Fieber, Erkältungen und noch viel schlimmere Krankheiten verursachen.

„Detective, wir brauchen Sie. In den ersten Tagen der Feierlichkeiten gab es verdächtige Fälle von Menschen, die ihren Geruchssinn verloren haben. Sie können keine Gerüche mehr unterscheiden!“, hat der Bürgermeister der Stadt Clara informiert und sie beauftragt, einzugreifen.

Clara ist sich sicher, dass sie es mit einer völlig neuen Krankheit zu tun haben. In ihrer gesamten Laufbahn hat sie noch nie von einem Virus gehört, das dieses seltsame Symptom verursacht oder sich so schnell durch Niesen verbreitet. Als Virendetektivin führt Clara in ihrer Tasche immer eine VRS-Strahlenkanone mit sich, eine brandneue eigene Erfindung, mit der sie unbekannte Viren im Blut von Erkrankten identifizieren und auf ihrem Smartphone in 3D rekonstruieren kann.

„Fledermäuse sind der Ursprung dieses Virus. Da bin ich mir sicher. Sie müssen eine exotische Frucht infiziert haben, die dann an den Ständen verkauft wurde“, erklärt Clara den Ärzten der Stadt, die der Bürgermeister versammelt hat, um eine Lösung zu finden. Die Virendetektivin macht sich sofort auf den Weg zu der Fledermaushöhle, die sie am Tag zuvor am Stadtrand entdeckt hat. Manaus wächst Jahr um Jahr, auf Kosten der umliegenden Wälder. Aus diesem Grund kommen Menschen immer häufiger in Kontakt mit wilden Tieren. •

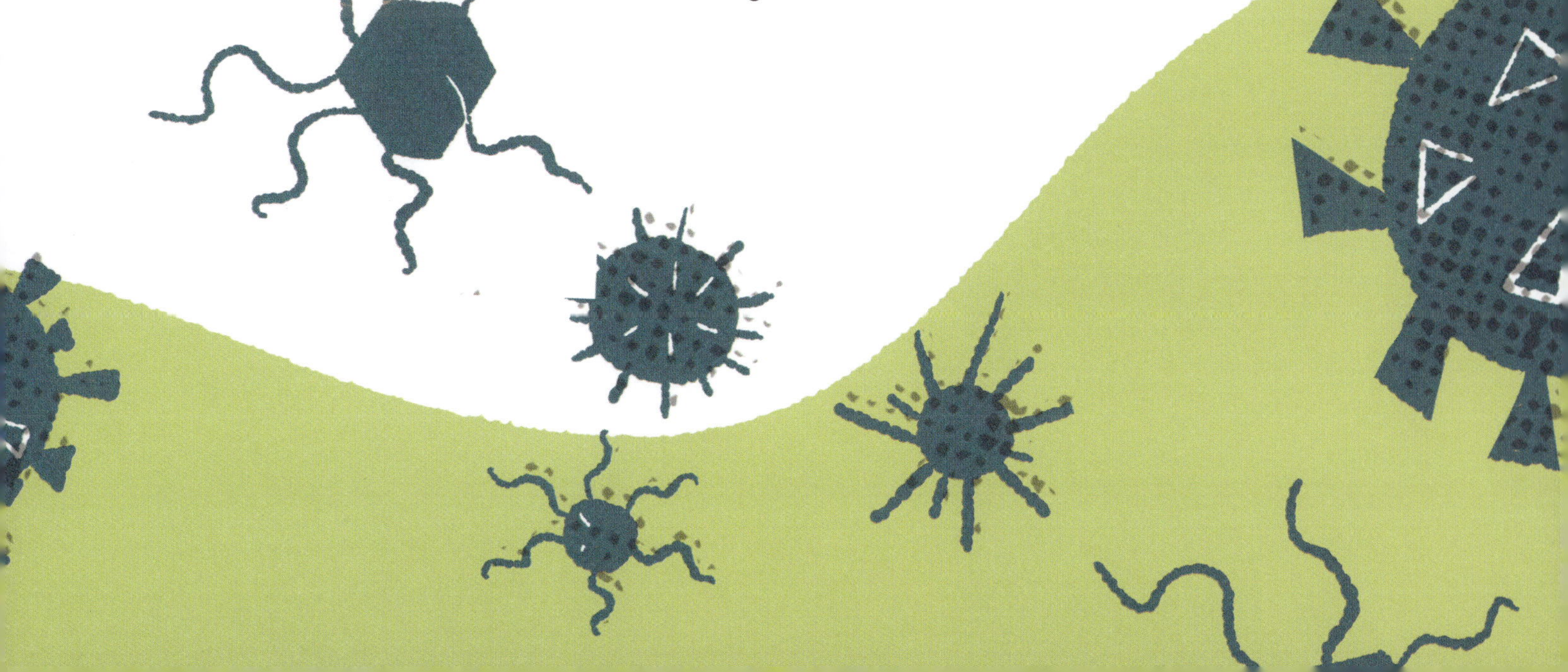

WAS IST EIN VIRUS?

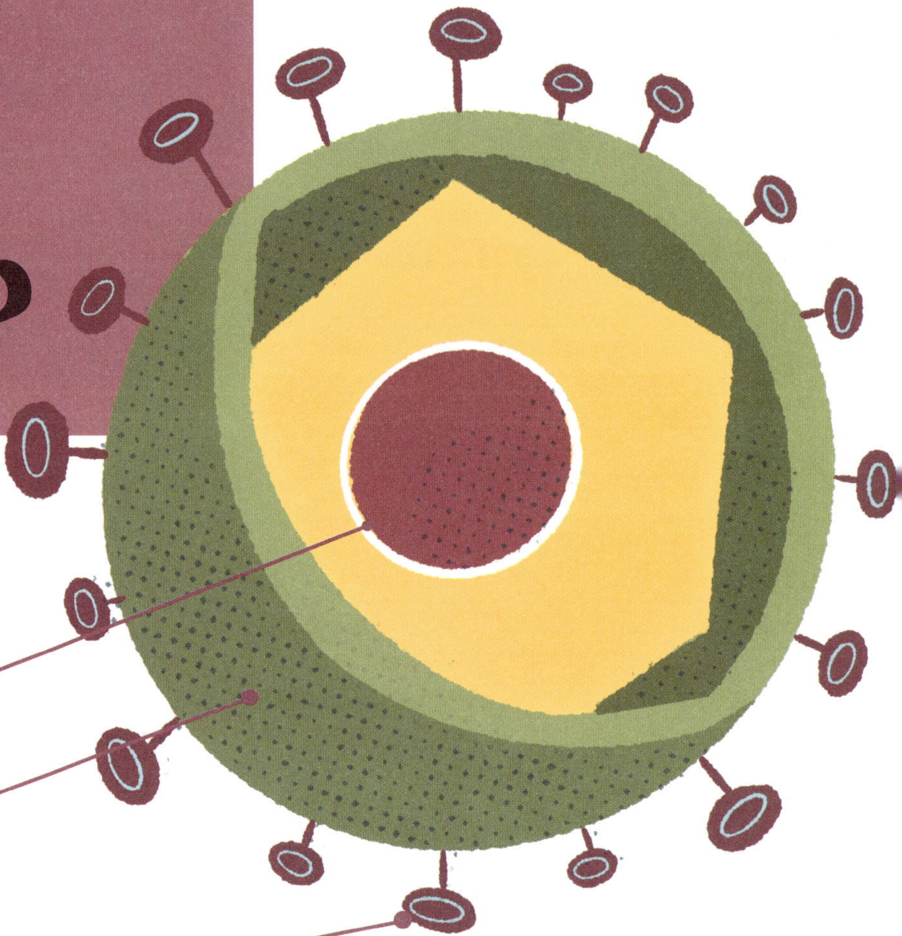

Viren sind extrem klein und für das bloße Auge unsichtbar. Deshalb kann man sie nur unter einem Elektronenmikroskop beobachten.

- **Zellkern** mit dem genetischen Material
- Äußere **Schutzhülle**
- **Spezielle Proteine,** die dem Virus ermöglichen, in Zellen einzudringen und sie zu infizieren

ARTEN VON VIREN

Nicht alle Viren sind gleich!
Sie können viele verschiedene Formen haben, je nach Art der Zellen, die sie infizieren (weiße Blutkörperchen, Leberzellen, Nervenzellen usw.) und auch je nach Art der Krankheit, die sie verursachen.

WIE MAN VIREN GEFAHRLOS UNTERSUCHT:

Augenschutz
Schutzmaske für

Nase und Mund

Wasserdichter Anzug

Lange Handschuhe zum Schutz der Hände

Überschuhe

EMPFEHLUNGEN, UM INFEKTIONEN IN SCHACH ZU HALTEN:

- Wasch dir oft die Hände mit Wasser und Seife.
- Fasse dir nicht an die Augen, die Nase oder den Mund.
- Niese und huste in die Armbeuge.
- Vermeide Menschenmengen.

GEFRAGTE FÄHIGKEITEN

- ○ Neugier
- ○ Interesse am menschlichen Körper
- ○ Freude an der Fürsorge für andere
- ○ Hohes Durchhaltevermögen
- ○ Keine Angst vor Nadeln
- ○ Extreme Genauigkeit

DER SONNEN-SEGLER

Das Wasser schlägt hart gegen Peters Boot, der Wind bläht die Segel und bläst kräftig hinein. „Zum Glück hatte ich noch nie eine Leidenschaft für röhrende Autos, sonst hätte ich jetzt nichts mehr! Bei all den Veränderungen, die wir erlebt haben, ist als einziges Verkehrsmittel das Segelboot noch wie früher“, denkt Peter und reitet vergnügt auf den Wellen.

In den letzten Jahren hat auf dem Festland eine wahre Revolution stattgefunden. Autos, Motorräder, Züge, Flugzeuge — sie alle werden jetzt mit erneuerbaren Energien angetrieben: Biokraftstoffen, Gezeitenenergie, Solar- und Windenergie.

Auf seinem Boot erhält Peter einen Telefonanruf: „Wir brauchen Ihre Hilfe! Einige Solarsegel auf unseren Autos sind kaputt gegangen, und wir finden keine Möglichkeit, sie zu reparieren“, erklärt eine Stimme am anderen Ende der Leitung.

„Alle fahren jetzt Segelautos, wie kann es sein, dass sie sie immer noch nicht selbst reparieren können? Volle Fahrt voraus zum Hafen!“, befiehlt Peter seiner Mannschaft.

An Land angekommen, machen sich Peter und seine Männer sofort an die Arbeit. Sie dürfen keine Zeit verlieren! Sonnensegel müssen mit Sorgfalt behandelt werden. Sie sind sehr dünn, leicht und reflektierend. Wenn Licht auf das Segel trifft, fängt das Segel es ein und speichert es als Antriebsenergie für das Auto.

„Denkt daran, dass Segel leicht reißen oder sich verheddern können, insbesondere die dünnen Sonnensegel. Ich lasse euch Nadeln und Faden, Schere, Ahlen und Materialien da, um die Segel zu reparieren“, erklärt Peter den Besitzern der antriebslosen Fahrzeuge, die die Segler gerne bei sich behalten würden, um eine aufregende Segelautotour mit ihnen zu machen. Doch Peter und seine Leute sind auf dem Meer zu Hause. Also, bye-bye, Sonnensegler! Möge der Wind mit dir sein, Peter! •

WAS SIND ERNEUERBARE ENERGIEN?

Erneuerbare Energien stammen, wie der Name schon sagt, aus Quellen, die im Gegensatz zu Öl und Kohle nicht versiegen. Die wichtigsten Arten von erneuerbaren Energien, die zur Erzeugung von Strom und Wärme genutzt werden, sind:

- **SOLAR-ENERGIE** aus den Sonnenstrahlen.
- **WIND-ENERGIE,** die die Windkraft nutzt.
- **HYDROELEKTRISCHE ENERGIE** aus der Wasserkraft.
- **GEOTHERMISCHE ENERGIE,** die die Wärme nutzt, die die Erde erzeugt.

GEFRAGTE FÄHIGKEITEN

- ○ Interesse an Ingenieurwesen und Chemie
- ○ Die Nutzung erneuerbarer Energien verstehen
- ○ Leidenschaft fürs Segeln
- ○ Seemännische Einstellung
- ○ Kenntnis der Winde
- ○ Niemals Sonnencreme vergessen

WELCHE VORTEILE HABEN ERNEUERBARE ENERGIEN?

Erneuerbare Energien nutzen nicht nur Quellen, die sich regenerieren, sondern sind auch viel umweltfreundlicher. Einige Vorteile der erneuerbaren Energien sind:

- Senkung der Treibhausgasemissionen, die die Erderwärmung hauptsächlich verursachen;
- Größere Vielfalt von Energiequellen;
- Geringere Abhängigkeit von Energiequellen, die der Natur schaden.

DER INSEKTEN-KLONER

„Kirschen und Zitronen sind alle“, sagt François und streicht die Produkte von seiner Einkaufsliste. Bei genauerem Hinsehen sind auch die anderen Regale leer. Nicht nur Brokkoli und Zucchini, sondern auch Honig gibt es nicht mehr!

In den letzten Monaten sind immer mehr Bienen und andere bestäubende Insekten verschwunden und mit ihnen viele Lebensmittel, die wir täglich essen. Und nicht nur das, auch das Tierfutter ist knapp geworden, was bedeutet, dass es weniger Milch und weniger Fleisch für alle gibt.

François, der als *Insektenkloner* arbeitet, nimmt dies sehr ernst. Nach mehreren Aufrufen der Kriseneinheit zum sechsten Artensterben ist er im Labor, um etwas gegen diese

Gefahr zu tun. Mit der für ihn typischen Ruhe bereitet François alles Notwendige vor, um Bienenzellen ihre DNA zu entnehmen. Ziel ist es, die DNA künstlich zu vervielfältigen und die verschwundenen Insekten wiederzubeleben.

Er und seine Kollegen müssen die Nacht durcharbeiten, aber ihre Klontechnik scheint erfolgreich zu sein. „Leute, seht euch das an. Aus den Eiern schlüpfen Bienen!“, ruft François begeistert.

Aber etwas stimmt nicht. Einige Bienen haben zehn Beine statt der üblichen sechs. Das ist seltsam! Die einzige mögliche Erklärung ist, dass einer der Kloner übermüdet bei seiner nächtlichen Arbeit versehentlich einen Fehler gemacht hat, wodurch veränderte Bienen entstanden sind. Jemand meint, dass dies sogar ein Vorteil sein kann: Zehnbeinige Bienen könnten mehr Pollen von einer Blüte zur anderen tragen als sechsbeinige.
„Auf keinen Fall!“, ruft François und springt empört auf. „Die Arten, die wir in die Natur entlassen, müssen genauso sein wie die ausgestorbenen, unverändert.“
Nach kurzer Diskussion stimmen ihm alle zu. Ausgestorbene Arten wiederzubeleben ist eine verantwortungsvolle Arbeit und sollte nur getan werden, wenn es absolut notwendig ist.

Nun ist es an den Menschen, zu schützen und zu bewahren, was sie haben. •

WIE VIELE ARTEN SIND GEFÄHRDET?

Nach Ansicht vieler Expertinnen und Experten stehen wir am Beginn des sechsten Massenaussterbens. Es besteht die Gefahr, dass etwa 75 Prozent der Arten von unserem Planeten verschwinden. Die Weltnaturschutzunion IUCN hat das Risiko des Aussterbens für über 52 000 lebende Arten analysiert. Das ist nur ein Bruchteil der existierenden Arten.

Von den vom IUCN untersuchten Arten drohen für immer von unserem Planeten zu verschwinden:

13 %

DER VÖGEL

25 %

DER SÄUGETIERE

45 %

DER AMPHIBIEN

WAS GESCHAH IN FRÜHEREN ZEITEN?

Manche Wissenschaftlerinnen und Wissenschaftler bezeichnen unsere Gegenwart als die Zeit des sechsten Massenaussterbens, weil es bereits fünf Massenaussterben gegeben hat, das erste vor 440 Millionen Jahren, als fast neun von zehn Arten verschwanden. Das letzte große Massenaussterben ereignete sich vor 66 Millionen Jahren, höchstwahrscheinlich infolge eines Meteoriteneinschlags, der die Dinosaurier von der Erde verschwinden ließ. Danach konnten sich einige Arten, die heute unseren Planeten bevölkern, verbreiten.

GEFRAGTE FÄHIGKEITEN

- ○ Kühlen Kopf bewahren
- ○ Leidenschaft für Dinos und andere Arten
- ○ Interesse an Paläontologie
- ○ Genaues Arbeiten
- ○ Interesse an Bioengineering
- ○ Hohe Moral

ES IST NOCH NICHT ZU SPÄT!

Die Lage ist ernst, aber wir dürfen nicht aufgeben. In den letzten Jahrzehnten wurden weltweit Hunderte von Projekten zum Schutz der am stärksten bedrohten Arten ins Leben gerufen, in den Wäldern, den Meeren und den Savannen. Viele vorbildliche Beispiele zeigen uns, dass wir das Aussterben aufhalten können, aber es bedarf einer großen Anstrengung durch uns alle!

DER LUFT-REINIGER

Als die Sirene ertönt, zieht Amir seinen Anzug und seine Handschuhe über, setzt seinen Helm auf und fliegt mit seinem Hoverboard los. Er und die anderen *Luftreiniger* haben die Aufgabe, mit einem solarbetriebenen Staubsauger Schadstoffe aus der Luft zu saugen und durch eine lange Kohlenstoffröhre in den Erdkern zu pumpen.

Nachdem er den ganzen Morgen über den Wolkenkratzern von Neu-Delhi in Indien gearbeitet hat, kehrt Amir durch Wolkenbänke, die dick wie Zuckerwatte sind, an Vogelschwärmen vorbei zum Boden zurück.

KRACH! „Das kann nicht wahr sein! Der Staubsauger hat eine Schwalbe eingesaugt!", ruft Amir und prüft die Saugdüse: nichts. Dann prüft er das lange Rohr, das die angesaugte Luft Richtung Boden leitet: auch nichts.

„Geolokalisiere das vermutete angesaugte Objekt", befiehlt Amir dem Sprachassistenten der neuesten Generation in seinem Spezialhelm.

„Die angesaugten Schadstoffe erreichen jetzt den Boden, wo sie gefiltert werden, um das Pflanzenwachstum im Großen Gewächshaus anzuregen", erklärt der Sprachassistent. „Die überschüssige Luft wird dann für immer direkt in den Untergrund geschossen, wo sie sich mit der Zeit in Gestein verwandelt."

Nun zeigt ihm die interaktive Karte in seinem Visier die Position des Vogels an, nur wenige Meter vom Eingang zum Gewächshaus entfernt. „Oh nein, er darf nicht unter der Erde landen!", ruft Amir, während er mit Höchstgeschwindigkeit auf das Große Gewächshaus zurast.

Kurz darauf findet sich Amir vor einem gewaltigen Glashaus wieder. Er taucht in einen riesigen Dschungel ein und staunt über die vielen Pflanzen dort. Da springen Amir einige Federn auf dem Boden ins Auge. Er folgt ihrer Spur durch die Pflanzen und entdeckt das gesuchte Tier auf einmal auf einem Ast, wo es etwas benommen, aber fröhlich mit anderen Schwalben zwitschert.

„Puh, anscheinend war ich nicht der Einzige, der sich in Schwierigkeiten gebracht hat", denkt Amir erleichtert, als er die Vögel durch ein kleines Dachfenster des Gewächshauses ins Freie entlässt. „Wer hätte gedacht, dass der heutige Tag solch ein Abenteuer für mich bereithält?" •

VORSICHT MIT DIESEN SUBSTANZEN!

Schadstoffe können in der Luft in höheren Konzentrationen vorkommen, als man sie normalerweise in der Natur antrifft, und sie schädigen die Umwelt.
Dies sind einige der bekanntesten Schadstoffe:

- Feinstaubpartikel
- Schwermetalle
- Ozon
- Stickstoffdioxid
- Benzol

WOHER KOMMT DIE VERSCHMUTZUNG?

Die Luftverschmutzung wird hauptsächlich durch Menschen, aber auch durch natürliche Phänomene verursacht.

Menschliche Ursachen:

- Luft- und Straßenverkehr
- Beheizung von Wohnräumen
- Landwirtschaft
- Industrie
- Bauindustrie
- Energie- und Abfallproduktion

Natürliche Ursachen:

- Vulkane
- Feuer
- Sandstürme

In den letzten Jahrzehnten hat es viele Veränderungen zum Guten gegeben. In Europa zum Beispiel wurde die Konzentration einiger dieser Stoffe in der Luft stark reduziert, sogar um die Hälfte! Aber das reicht noch nicht aus. Aufgrund der Verschmutzung sterben oder erkranken jedes Jahr Zehntausende Menschen. Was wir bisher erreicht haben, zeigt uns jedoch, dass eine Verbesserung möglich ist.

WAS KÖNNEN WIR TUN?

Weniger Luftverschmutzung ist ein konkretes und erreichbares Ziel. Wir werden unsere Lebensgewohnheiten etwas ändern müssen, aber das bringt viele Vorteile und betrifft jeden Einzelnen. Die vier wirksamsten Maßnahmen sind:

- Investition in erneuerbare Energien wie Wind- und Solarenergie,
- weniger mit dem Auto und mehr mit öffentlichen Verkehrsmitteln wie Bussen und U-Bahnen sowie mit dem Fahrrad fahren,
- Abfälle in Landwirtschaft und Industrie reduzieren,
- Feuer verhindern oder schnell löschen.

GEFRAGTE FÄHIGKEITEN

- ○ Fähigkeit, Probleme zu lösen
- ○ Schwindelfreiheit
- ○ Interesse an der Umwelt
- ○ Leidenschaft fürs Fliegen
- ○ Begeisterung für Geschwindigkeit
- ○ Wertschätzung von Sauberkeit

DER TIEFSEE-TAUCHER

Seit Monaten bereitet sich Ari darauf vor, ein sehr seltenes Tier zu fotografieren, den Drachenfisch, der in den Tiefen des Pazifiks lebt. Der Drachenfisch ist klein und sehr selten zu sehen. Nach Aris Berechnungen kriecht diese seltsame Kreatur nur alle 100 Jahre aus der Unterwasserkruste der Erde hervor.

„Roger, könnt ihr mich hören? Ich bin bereits in 150 Meter Tiefe vorgedrungen und komme nun in die Dämmerzone des Ozeans“, teilt Ari seinen Kollegen an Land über Funk mit. Ari, der *Tiefseetaucher*, befindet sich an Bord seines verlässlichen U-Boots Nemo, einer großen Glaskugel mit sechs ferngesteuerten Roboterbeinen, mit denen er sich über den Meeresboden bewegen und Hindernisse aus dem Weg räumen kann. Die Glaskugel bietet Ari einen atemberaubenden Blick auf die Wunder des Meeres. In 1000 Metern Tiefe geht der Funkkontakt verloren. Aber das ist gut so, denn Ari kann sich jetzt ganz auf die außergewöhnlichen Tiere der Tiefe konzentrieren. „Nach Jahren der Forschung wissen wir fast alles über den Mond und die anderen Planeten, aber die Ozeane sind kaum erforscht. Wir haben eine Menge verpasst!“, denkt Ari.

Von dem Drachenfisch fehlt weiterhin jede Spur. Ari weiß nur, dass er in einer sehr heißen Umgebung lebt und sich von Gas ernährt. „Irgendwo hier unten muss ein heißes Gasleck sein. Nemo, miss die Temperatur!“, befiehlt Ari dem U-Boot. Da beginnt das Thermometer zu schwanken, und ein plötzliches Rumpeln schleudert Ari aus seinem Sitz. Direkt hinter ihm bricht ein Riesenvulkan aus! Die Lava strömt sehr schnell aus und berührt fast das U-Boot. Ari schwebt in großer Gefahr, aber er hat nicht die Absicht zu fliehen. Dies könnte seine Chance sein, den Drachenfisch zu sehen!

Und tatsächlich, da ist er! Der Drachenfisch taucht zwischen der Lava und den Gasblasen auf, die aus dem Erdboden aufsteigen. Ari schaltet alle Lichter aus und streckt einen der Roboterarme aus, um das geheimnisvolle Wesen aus der Nähe zu fotografieren. KLICK! KLICK! KLICK!
„Jetzt, Nemo, werden uns alle glauben!“, freut sich Ari.
„Volle Kraft voraus, zurück ins Sonnenlicht!“ •

IN DER TIEFE DES MEERES

Die Meere werden in verschiedene Tiefenzonen eingeteilt.

LICHTREICHE ZONE:

An und knapp unter der Meeresoberfläche. Hier gibt es genug Licht für die Fotosynthese.

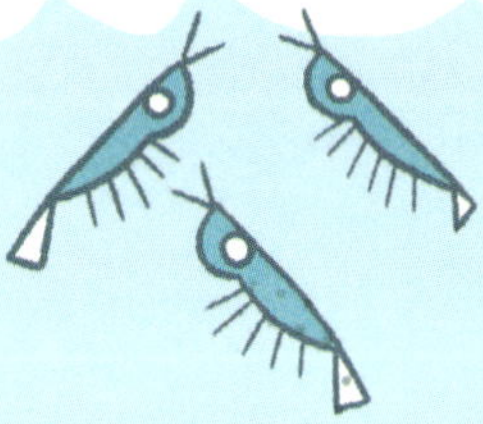

Plankton

Clownfisch

200 m

DÄMMERZONE:

Es gibt zunehmend weniger Licht.

Weißer Hai

1000 m

DUNKELZONE:

Die Sonnenstrahlen können nicht in diese Meerestiefe vordringen. Viele Lebewesen erzeugen ihr eigenes Licht durch ein Verfahren, das Biolumineszenz genannt wird.

Seeteufel

4000 m

TIEFE DUNKELZONE:

In dieser auch Abyssopelagial genannten Zone liegt die Temperatur fast bei 0° C. Nur wenige Tierarten können in diesem extremen Wasserdruck leben.

Tiefsee-Seegurke

6000 m

ZONE DER TIEFSEERINNEN:

Wir haben die tiefste Stelle erreicht, den geheimnisvollsten Bereich des Ozeans. In der Tiefsee ist es sehr einsam, die Bedingungen sind extrem, zu überleben ist schwierig - aber nicht unmöglich!

Borstenwurm

11 000 m

Wie viele Arten die Meere der Erde bevölkern, ist bisher noch unbekannt! Wissenschaftlerinnen und Wissenschaftler schätzen, dass über 90% der Meeresarten erst noch entdeckt und klassifiziert werden müssen. Die Ozeane der Erde sind zu 95% noch unerforscht.

GEFRAGTE FÄHIGKEITEN

- ○ Leidenschaft für das Unbekannte
- ○ Keine Angst im Dunkeln haben
- ○ Begeisterung für die Meeresbiologie
- ○ Ein U-Boot steuern können
- ○ Nicht anfällig für Klaustrophobie sein
- ○ Fotografisches Talent haben

DIE ALIEN-FÄNGERIN

Seit Stunden brennt die Sonne auf die Wüste, die einen großen Teil des Kontinents Australien bedeckt. Hinter einem riesigen tomatenförmigen Felsblock ist der Schatten einer jungen Frau zu sehen, die zum Schutz gegen die Hitze und die sengende Sonne einen großen Hut und eine Sonnenbrille trägt. „Hier kann mich niemand sehen. Jetzt muss ich nur noch darauf warten, dass jemand auftaucht", murmelt Keira, eine der besten *Alien-Fängerinnen* der südlichen Hemisphäre.

Wenn Keira den Leuten von ihrer Arbeit erzählt, denken alle, dass sie durch den Weltraum zieht und Außerirdische fängt – grüne Monster mit zwei Antennen und vier Augen in fliegenden Untertassen. „Man muss nicht durchs All fliegen, um fremde Spezies zu finden", erklärt Keira. „Die ‚Aliens', denn das heißt einfach ‚Fremde', sind hier unter uns, auf der Erde. All die Tiere und Pflanzen, die der Mensch aus ihrem ursprünglichen Lebensraum vertrieben und woanders hingebracht hat oder die durch den Klimawandel zur Migration gezwungen wurden – das sind Aliens."
„Es mag unwichtig erscheinen, aber tatsächlich ist es ein großes Problem

für die Natur“, fährt sie fort. Keira ist in Australien berühmt für die Erfindung eines neuen Systems zur Lösung eines Problems, das durch eine bestimmte, hier ursprünglich fremde Spezies verursacht wird: Dromedare. Diese Tiere wurden im 19. Jahrhundert von Entdeckern auf den Kontinent gebracht, und heute gibt es hier Hunderttausende davon. Doch aufgrund steigender Temperaturen und häufiger Brände wird das Wasser für sie immer knapper. Sie ziehen in Scharen umher und verursachen Schäden in Dörfern und an Häusern.

Die lokale Bevölkerung würde diese Tiere am liebsten ausrotten, doch Keira wendet seit Jahren eine andere Taktik an: Mit einem aufblasbaren Wasserbecken lockt sie die Dromedare mitten in die Wüste. Dort fängt sie sie und bringt sie in einen riesigen Naturpark, wo sie reichlich Futter und Wasser finden, ohne von Menschen bedroht zu sein.
„Da kommen sie!“, ruft Keira, springt mit ihrem Fernglas hinter dem Felsen hervor und stellt ihre Alien-Falle auf. „Ich habe schon lange nicht mehr zehn so durstige Dromedare gesehen. Lassen wir sie ein wenig trinken, dann bringen wir sie in Sicherheit!“ •

ALIENS IN SICHT!

Auch wenn sich invasive Arten wie Aliens verhalten, wollen sie keinen Krieg führen. Sie wollen sich nur wie zu Hause fühlen. Leider stellen sie dabei oft eine Bedrohung für die einheimischen Arten dar, indem sie das Gleichgewicht der von ihnen besiedelten Ökosysteme stören!

WASSERHYAZINTHE
Pflanzen
Ursprung: Amazonas
Neues Habitat: ganze Erde
Eigenschaften: senkt die Lichtdurchlässigkeit des Gewässers und die Sauerstoffproduktion anderer Wasserpflanzen, verändert das ganze Ökosystem

ASIATISCHE RIESENHORNISSE
Wirbellose
Ursprung: Asien
Neues Habitat: Europa
Eigenschaften: frisst Bienen und Wespen

FEUERFISCH
Fische
Ursprung: Indischer Ozean
Neues Habitat: Mittelmeer
Eigenschaften: hat keine natürlichen Feinde, ist aber selbst ein sehr aggressiver Jäger

GEFRAGTE FÄHIGKEITEN

- ○ Interesse an Biologie
- ○ Scharfe Augen
- ○ Liebe zur Natur und zu Tieren
- ○ Instinkt für Details ohne Zusammenhang
- ○ Mut
- ○ Schnelle Reflexe

NORDAMERIKANISCHER OCHSENFROSCH
Amphibien

Ursprung: Nordamerika
Neues Habitat: ganze Erde mit Ausnahme von Afrika
Eigenschaften: Träger einer gefährlichen Pilzerkrankung

NILGANS
Vögel

Ursprung: Afrika
Neues Habitat: Asien, Mauritius, USA, Australien, Europa
Eigenschaften: aggressives Verhalten gegenüber anderen Arten

BUCHSTABEN-SCHMUCKSCHILDKRÖTE
Reptilien

Ursprung: USA und Mexiko
Neues Habitat: ganze Erde
Eigenschaften: beeinflusst das gesamte Ökosystem, das sie besiedelt

GRAUHÖRNCHEN
Säugetiere

Ursprung: Nordamerika
Neues Habitat: Europa und Südafrika
Eigenschaften: verursacht das Aussterben der heimischen Eichhörnchenarten

Sofia Erica Rossi

Sofia arbeitet als Wissenschaftskommunikatorin für das San-Raffaele-Krankenhaus in Mailand (Italien). Sie studierte Philosophie mit dem Nebenfach Neurowissenschaften und reist sehr gern. Sie liebt es, Geschichten über die Themen Gesundheit, Umwelt und Tiere zu erzählen.

Carlo Canepa

Carlo ist Faktenprüfer für Pagella Politica, eine italienische Website, die sich dem Faktencheck von Politikern und der Bekämpfung von Fake News widmet. Er hat einen Abschluss in Philosophie, ist Autor eines Buchs über Fußball und spielt gerne Gitarre.

Luca Poli

Luca Polis Arbeit umfasst Grafik und Illustration und alles dazwischen. Er arbeitet für große Verlagshäuser. Er liebt Comics und Musik. Für ihn gibt es keine stilistischen Grenzen. Zeichnen ist für ihn ein bisschen wie Schauspielerei, und jedes Projekt ist ein Abenteuer für sich.

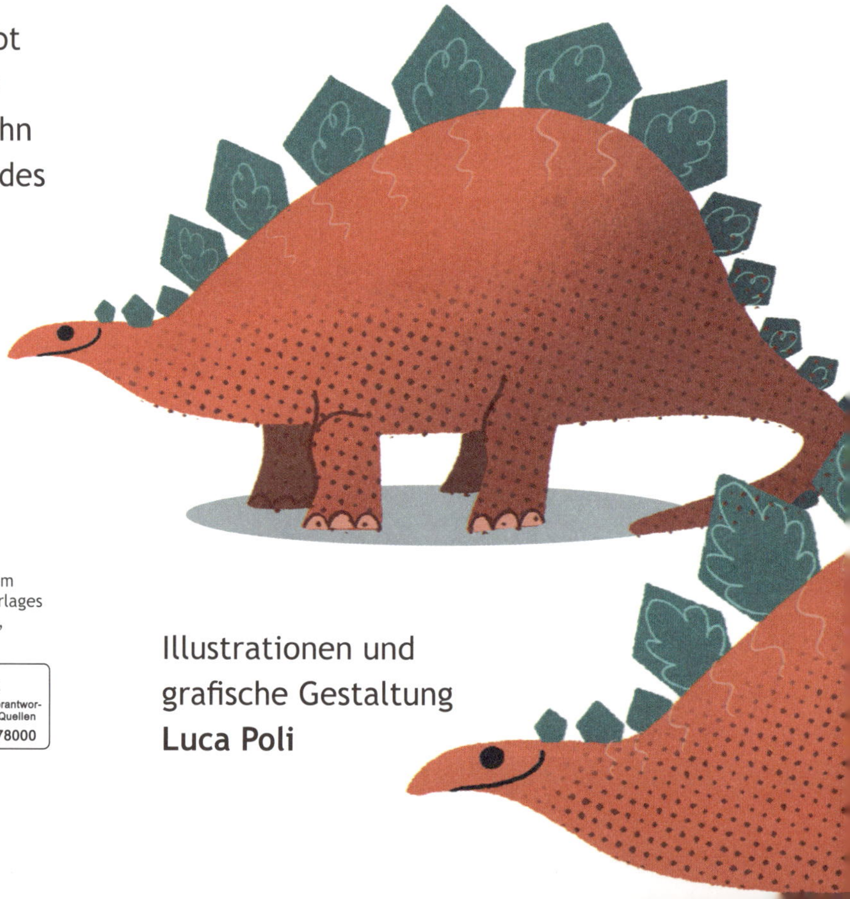

WSKids
WHITE STAR KIDS
White Star Kids™ ist ein Markenzeichen von White Star s.r.l.

Piazzale Luigi Cadorna, 6 - 20123 Mailand, Italien
www.whitestar.it

Übersetzung: Anke Wellner-Kempf
Lektorat und redaktion: Katrin Höller, writehouse
and Beate Bücheleres-Rieppel

ISBN 978-88-6312-582-5
1 2 3 4 5 6   27 26 25 24 23

Gedruckt in Serbien

FSC MIX Papier aus verantwortungsvollen Quellen FSC® C178000

Illustrationen und grafische Gestaltung
Luca Poli